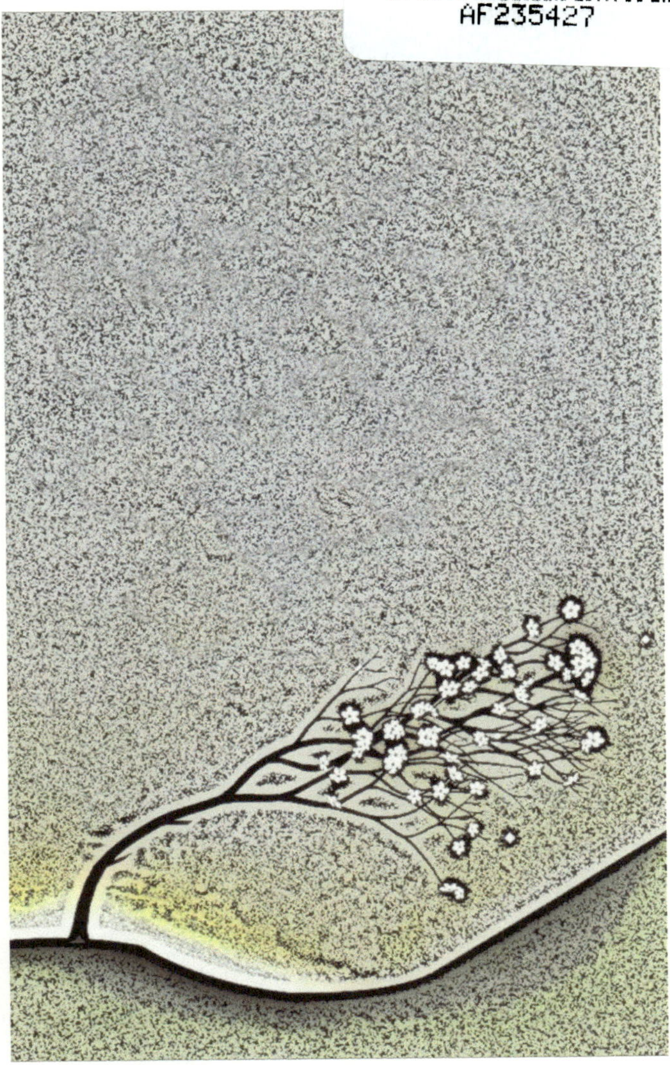

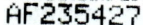

In Erinnerung und voller Liebe
gewidmet meiner Oma

Mia Mondstein

In den Wind
-- komplett neue Ausgabe --

Bibliografische Information der Deutschen
Nationalbibliothek

Die Deutsche Nationalbibliothek verzeichnet diese
Publikation in der Deutschen Nationalbibliografie,
detaillierte bibliografische Daten sind im Internet
über http://dnb.dnb.de abrufbar

Lektorat / Korrektorat: Theo Ostermann

Grafik / Bildquellen:
pixabay / Mia Mondstein
Zeichnungen: Gertrudis Lux (Seiten: 6,32)

Herstellung und Verlag:
BoD – Books on Demand, Norderstedt
ISBN: 978-3754342688

In den Wind [*]

Hoffen und Sehnen

Mutig sein

Vorbei

Leere

die Kurzgeschichte
„Haus ohne Licht"

Etwas bleibt

Unsterblich

(*) Erstfassungen einzelner Gedichte erschienen bereits
2018 in einer kleinen Vorabausgabe gleichen Titels,
allerdings damals nur als E-Book.

Suche

Menschen die um Hoffnung bitten
warten Tag für Tag aufs Neu
Wünsche zu den Sternen schicken
bleiben ihrem Herzen treu

Taten Träume und Ideen
wie Lebenszettel aufgetischt
Gedanken die im Wind verwehen
Erinnerungen bunt gemischt
die alten Fotos liegen da
mit Gesichtern schon verblasst
in schwarz und weiß
das was mal war
so manche Chance
hat man verpasst

Manchmal hat man keine Wahl
unausweichlich vorbestimmt
dennoch ist uns oft nicht klar
welches Glück die Zeit uns bringt

Hoffnungssuche vehement
geht am besten Hand in Hand
lebenszeitlich existent
die Suche nach dem Zauberland

An Bord

Wir segeln durch das Leben
hoffen auf Rückenwind
stets bemüht um Gleichgewicht
stehen auf schwankenden Planken unserer Seele

Wir haben eingecheckt
zu einer Reise mit unbekanntem Ziel
im Gepäck unsere Träume und Hoffnungen
geben wir unsere Zeit den Alltagswellen zum Fraß
hoffend auf den Rettungsring der Liebe
der Freundschaft heißt

Wir segeln ohne Wiederkehr
hinaus bis es nicht mehr weitergeht
One-Way-Ticket der Unvernunft
und wenn der Wind aus allen Richtungen bläst
singen wir unser letztes Lied

und die Fluten kommen über uns
so wie früher

Nachts

In der Nacht
bist du bei mir
hast mich fest umschlungen

Nachts nur
singst du mir dein Lied
welches längst verklungen

Nachts
erscheinst du mir im Traum
vergessen sind dann Zeit und Raum

und ich lausche deinem Lachen
Ach du mein Herzensdieb
Ach du
lass mich nie mehr erwachen

Der Regen singt

ich stehe am Fenster
der Regen singt leise
er singt sein Lied
das Lied
das mich stets begleitet

Gedanken
über den Sinn meines Lebens
schwirren mir durch den Kopf
doch ich komme nicht weiter
die Lösung
sie scheint unerreichbar

ich wandere im Licht
und oft auch im Dunkeln
ich weiß schon Vieles
doch nie genug
bei Menschen fand ich Gutes
und auch Schlechtes
doch es bleibt so vieles ungewiss

ich traf manche
mit denen ich viele Meilen gehen wollte
doch sie begleiteten mich
nur ein paar Schritte
gingen ihren Weg
und ich den meinen

und ich stehe noch immer
wartend am Fenster
und der Regen singt

Eines Tages

der Sinn wird eines Tages klar
wie die Sterne in der Nacht
werden meine Träume wahr
so wie ich oft erdacht

alle Ängste sind vergessen
inn'res Meer ist aufgewühlt

Ach das kann nur der ermessen
der die Sehnsucht selbst gefühlt

so wie wilde Adler fliegen
hoch am Himmelszelt
werde ich dann selber reisen
in die fremde weite Welt

werde wandern ohne Reue
dort wo meine Träume sind
setze Alles stets aufs Neue
sende Lieder an den Wind

in der Nacht da werd' ich fliehen
hin wo bessre Zeiten sind
frei wie dort die Vögel ziehen
werde ich im Traum zum Kind

Bäume wiegen sich im Tanz
Melodie erklingt ganz leise
den Himmel schmückt der Sterne Glanz
der Mond geht still auf seine Reise

Herzens Wunsch

man steht allein auf dieser Erde
allein unter den Massen
man hofft dass es bald besser werde
und kann es doch nicht fassen

das Grübeln zeigt kein Ende
und Fragen füllen deinen Tag
kein Mensch reicht dir die Hände
kein liebes Wort dir sagt

Ach Freund
dich den ich damals traf
die schöne Zeit ging schnell vorbei
welch Glück empfand ich selbst im Schlaf
hör noch dein Lied wo ich auch sei

dein Abschiedswort hat mich getroffen
es wiegt noch heute tonnenschwer
so ist die Welt ein einzig Hoffen
und ohne Freundschaft leer

Ach Herz
wenn doch bald jemand käme
dem ich mich anvertrauen kann
wenn er mich in die Arme nähme
ich lausch' auf seiner Stimme Klang

ein Mensch der deinen Schlaf bewacht
der zeigt dir neues Land
wenn Herzensfeuer ist entfacht
dann gib ihm deine Hand

Gefangen im Ich

Ich sehe dich springen
gegen Mauern
und wie du versuchst das Schloss zu zerbeißen
das dich gefangen hält

glaubst du
du bist allein in deiner Welt
klug zu sein macht manchmal schön
doch wenn die Andern alle gehen
ist es wieder still
und du hängst in den Seilen
der scheinbaren Sicherheit

kaum sind Worte von dir gesagt
sind sie schon wieder bedauert
aus Angst
keiner könne sie verstehen

so heulst und flehst du
wie ein Kind
das nach der Mutterbrust laut schreit
und du fragst dich
immer wieder
wann ist es so weit

wann werden dich die Anderen
da draußen sehen
so wie du wirklich bist

Nur Schein

Tausendmal
suche ich
den geheimen Weg
zu dir

Tausendmal
sehe ich
im Traum dein Gesicht
vor mir

Tausendmal
höre ich
deine ersehnte Stimme
in mir

Tausendmal
scheint es mir
als streichelst Du mein Haar
und als ob ich deinen Atem spüre
auf mir

Aber
es ist nur der Wind
und das Strahlen der Sterne
über mir

Pflaster

Du schreibst:

Tränen gibt es in der Apotheke
für vierfünfundneunzig.

Doch:

Manche Tränen sind kostbarer als Diamanten
weil sie aus Liebe und voller Sehnsucht
geweint wurden
weil sie erfüllt sind
von Hoffnung und Ehrlichkeit.

Du sagst:

Pflaster gibt es überall.

Aber:

Das Pflaster das ich brauche
bist Du.

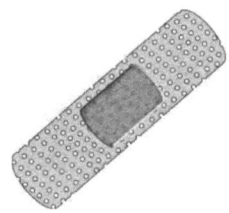

Sohn meiner Sehnsucht

mein Freund
du bist nur Illusion
ein Schatten meiner Träume
bist du meiner Sehnsucht Sohn

dir Herzensnaher
für meine Seele Retter
hab' dir geschrieben manche Letter
in den Sand am Strand der Hoffnung
ich weiß wir sahen uns noch nie
doch folg' ich deinem Lied und wie
ich auch im Leben stehe
bist du meiner Sehnsucht Sohn

ich wünscht' du wärst aus Fleisch und Blut
entfacht ist meines Herzens Glut
denk ich an dich als meinen Held
ist mir egal der Rest der Welt
im Traum bin ich schon oft gegangen
durch eine Welt die mich umfangen mit dir
am Strand der Ewigkeit
bist du meiner Sehnsucht Sohn

sing' ich dein Lied die Nacht vergeht
das Dunkel wird zum Traum gewebt
ich spinn' mich ein in Fantasie
und denk' an jene Melodie
ach so scheint es mir
die für mich gesungen

du bist meiner Sehnsucht Sohn

Rette mich

ich schaue aus dem Fenster
denke an die Stille
die alles berührt

tastest du heute nach mir
kann es passieren
wenn du willst
dass die Herbstnebelschwaden
sich verziehen
und wir zum Fluss des Vergessens gehen
um aus uns zu trinken

ich kann dich nicht halten
suche ich doch noch selbst
den Halt

in mir die Leere
die alles erfühlt
mit dir ist alles Sein

die Träume ertrinken
im erkaltenden Kaffee
aufgebrüht mit den Tränen voller Sorge
Sehnsucht erstickt
am Rauch der ewig glimmenden Zigarette
die Liebe wird vergiftet
an den Leberwurstbroten des Alltags

ich schaue aus dem Fenster
und warte auf Rettung

Unsichtbar

es ist still
kein Blatt bewegt sich
in meinen Händen
diese Handvoll Wut

ohne Marschbefehl
kämpfe ich
in deinem Niemandsland

nur nicht auffallen
nur nicht laut
nur nicht immer so vertraut

werde ich für dich
unsichtbar
ohne Frage
ohne Schuld
nur allein
nur ich allein
ohne Glauben
ohne Schönheit und Geduld

allein
im Herzen doch ein Licht
nach vielen Toden
wie im Traum

er tut mir gut
der reine Geist
von dem dein Lächeln spricht

und aufs Neue bin ich nun
für dich entschlossen
der Hass verbrennt
mit deiner Wut

nur nicht auffallen
nur nicht laut
nur nicht immer so vertraut

so komme ich dir
unsichtbar nah
und
du bleibst
vielleicht

Warten auf Erlösung

Jeden Morgen
nach dem Kaffee
läuten die Glocken in meiner Stadt
sie läuten für Alle
nur nicht für mich

Menschen strömen in die Kirche
sie glauben
die Götter lassen sie nicht im Stich
mich haben sie schon längst verlassen
nur die Hölle wartet noch
auf eine Gelegenheit
mich zu holen und mit mir zu tanzen
auf glühenden Kohlen

Jeden Morgen
nach dem Kaffee
läuten die Glocken in meiner Stadt
sie läuten für Alle
nur nicht für mich

Ich fühle mich kaputt
am Boden zerstört
kein Wort ist an dem Platz
wo 's wirklich hingehört
Angst vor einem neuen Morgen
macht sich breit
und ich frage mich
wann

Jeden Morgen
nach dem Kaffee
läuten die Glocken in meiner Stadt
sie läuten für Alle
nur nicht für mich

Nur du kannst mich erlösen
Wann
ist es endlich soweit
dass ich in deinen Armen
leben kann
du
mein Traum

Jeden Morgen
nach dem Kaffee
läuten die Glocken in meiner Stadt
sie läuten für Alle
nur nicht für mich

wie schön wäre es
wenn du mir zuflüsterst
und mich endlich mitnimmst
dann gehen wir zusammen diesen Weg
in eine neue Welt
fern von Zukunft und Vergangenheit
nur unsere Gegenwart ist es
die dann zählt

Alles auf "ON"

Komm
partitioniere dein Leben
de-installiere
was dein Selbst ausbremst
dann atme tief ein
und du erkennst es
alle Augen in die du geblickt hast
alle Worte die du gelesen
denen du geglaubt hast
sie sind auf Zukunft
sind auf Leben gesetzt

Augenblick

Komm
lass uns heute Nacht
den Tod vergessen
und stirb mit mir
ein kleines Stück

dieser Moment
er kommt einmal nur
so endlich ist ein Leben

Komm
sieh mich an

Niemals mehr zurück.

Gedanken im Wind

lausche auf des Windes Rauschen
klingst wie Rufen „Bin gefangen"
und ich würd' so gerne tauschen
mit den Vögeln die einst sangen

erblick' ich oben leuchtend Sterne
spüre ich so tiefen Schmerz
sie sind wie Liebste in der Ferne
und ach so weh tut mir mein Herz

seh ich die Sonne leuchtend ziehen
über mir am Firmament
so möcht auch ich der Nacht entfliehen
und ein Feuer in mir brennt

so geh' ich hin zur trauten Linde
Zuflucht für die kranke Seele
und schnitze in des Baumes Rinde
Hab Mut oh Mensch und wähle

wähle hier dein eignes Leben
das du ja nur einmal hast
geh und lerne auch das Geben
bevor dich eisig Hauch erfasst

stille nicht nur dein Verlangen
vergiss auch nie des Andren Leid
halte dich nicht selbst gefangen
und sei stets zum Kampf bereit

Miteinander

HAND IN HAND

für ein Leben ohne Grenzen
im Herzen wie im Hirn
für ein Leben in Freiheit
körperlich und seelisch unversehrt
für ein Leben ohne Angst und Maulkorb
in dem man singen und schreiben darf
was man fühlt und denkt

DIE STIMME ERHEBEN

für ein Leben in einer Welt
in der Mitdenken nicht strafbar ist
für ein Leben ohne Erpressung und Verrat
für ein Leben das JEDEM die gleiche Chance gibt
sich selbst zu finden und zu entwickeln

Dafür lohnt es sich

MITEINANDER
aufzustehen
sich einig zu sein
und Lösungen zu finden

MITEINANDER das Feuer nicht zu scheuen

Held

Für die meisten ist ein „Held"
der auf dem „Feld der Ehre" fällt
der rettete der Andren Leben
doch dafür hat er seins gegeben

vielleicht geblendet und belogen
vielleicht betrogen von ganz oben
die Feinde vielleicht Brüder sind
ein jeder einer Mutter Kind

Doch ist ein „Held" auch der zu nennen
er hat den Mut um anzurennen
gegen Hass und Tyrannei
der nun gefangen
weil er frei seine Stimme wagt zu heben
fordert selbstbestimmtes Leben
viele von uns bleiben stumm
er verdient Erinnerung

Wer stets versucht „das Blatt zu wenden"
mit großem Herzen off'nen Händen
seine Kraft und Zeit hergibt
der dich rettet der dich liebt
auch wenn du schon ganz alt und grau
weißt nicht mehr alles so genau
sorgt der sich ohne Unterlass
und sagt zu dir „Wir schaffen das"
für mich ist dieser klar ein „Held"
ein Lichtblick in der grauen Welt

Sieh die Frau dort jeden Morgen
immer schlaflos voller Sorgen
sie hat zwei Jobs rund um die Uhr
frühmorgens noch 'ne Zeitungstour
im alten Mantel friert sie sehr
doch alles, alles gibt sie her
für ihre Kinder ihr Zuhause
da macht sie niemals eine Pause
die Kleinen sollen 's besser haben
malt deren Welt in bunten Farben
auch sie ist klar für mich ein „Held"
wie sie gibt 's viele auf der Welt

ein „Held"
das kann ein Jeder sein
ob in der Ferne ob daheim
vielleicht braucht man grad deine Hand
schau doch mal über 'n Tellerrand

Grabe tief

kannst du Licht seh'n durch den Vorhang
spürst du Wärme unterm Eis
ist dir klar was mir einst klar war
doch ich längst schon nicht mehr weiß
?
weichen Mauern deinen Händen
dringt dein Atem durch den Stein
kannst du Worten die gelogen
wieder neuen Sinn verleih 'n
?
kannst du Gras säen in der Wüste
kühlt dein Schatten meine Haut
hältst du fest im Wind die Fahne
schreist du gegen Stürme laut
?
wenn du das was einmal da war
unter Asche glimmen siehst
willst du wissen was wird werden
wenn man Öl ins Feuer gießt
?

bau ein Schloss aus Schutt und Trümmern
von zerstörter Träume Wand
nimm ein Schiff und setz die Segel
hin zu dem versunk'nen Land
!
grabe tief bis unter Narben
wenn du auch mitunter schwankst
bis du mit Herz und Sinn verbunden
den Regenbogen fassen kannst
!
alles ist nicht wie es scheint
grabe tief ... such einen Schatz
gelacht gehofft und viel geweint
find' Glück und deinen Lebensplatz
!

Puzzle

Bilder die im Augenblicke
festzuhalten man begehrt
sind wie Träume auf dem Wege
jedes Blickes wert

Momente und Erinnerungen
sind wie ein Puzzlespiel
Man ist stets auf Friedenssuche
und das Herz schreit nach Asyl

Ob der Schritt
den man gegangen
dumm war oder klug
weiß man erst am End' des Weges
beim letzten Atemzug

Darum feier' heut' das Leben
Stund' um Stund' und Tag für Tag
Momente die so gut gelungen
scheinen wie ein Ritterschlag

Schrei

Alle wissen sich immer zu helfen
Alle haben immer 'nen Spruch parat
Alle tanzen ums goldene Kalb wie die Elfen
und fühlen sich wohl in diesem Staat
Alle gehen gerne shoppen
Alle sind nicht zu toppen
Allen geht es gut
Allen ?

WANN schreit ihr heraus eure Wut?!

Mut

lebe Mensch
gib und streite

gib nicht auf
bis zur allgemeinen Pleite
von der nur du eine Ahnung hast

Freiheitsliebe

ich habe mir die Freiheit genommen
nicht zu antworten
nichts zu fragen

ich habe mir die Freiheit genommen
dir in die Augen zu sehen
und nichts zu sagen

du hast mich gefragt
und als ich geschwiegen habe
sah ich es

für dich ist Freiheit
Antworten zu bekommen
dir ein Bild von mir zu machen
doch ich habe mir die Freiheit genommen
und kein Wort kam über meine Lippen
kein Zeichen von mir hat dich erreicht

dann gingst du
und ich sah dir nach
dabei hätte ich dir jetzt so gern zugeflüstert
wie frei ich mich gefühlt habe
in deiner Nähe
doch ich sagte
nichts

Bahnhof des Lebens

Wieder sitze ich hier
im Bahnhof des Lebens
und sehe einen Zug davonfahren

Wer weiß
vielleicht hält einer dieser Züge
eines Tages
und verweilt für immer
bei mir

Oder bin ich die ewig Reisende
verbannt
immer wieder aufs Neue
träumend Erinnerungen zu erschaffen

Du winkst noch einmal
ich glaube Tränen zu sehen
und versuche zu lächeln
denn dies wird das letzte Bild von mir sein
das du im Herzen mit dir trägst

Entzündet

Kalt war es
bevor du kamst
deine Sehnsucht nach Frieden
ließ das Eis um mein Herz
dahinschmelzen

deine Musik und deine Art
das Wort an mich zu richten
ließen mich aufhorchen
weckten mich aus meines Alltags Schlaf

diese energieheißen Momente
welche wir gemeinsam hatten
hinterließen ewige Spuren
im Seelenwinter

und nun
da du nicht mehr bist
verbrenne ich
im eigenen Feuer

Du hast mich alt gemacht

es war doch grad erst
Sommer um uns her
doch erscheint es mir
als wäre es
in einem anderen Leben
gewesen

Alles
was du unter Glück verstehst
hast du mir gebracht
so haben wir geschwebt
gesungen in den höchsten Tönen
und konnten uns mit Worten
oder nur mit einem Blick
verwöhnen

doch über Nacht
hast du mich alt gemacht
ganz einfach so

immer
wenn du gerufen hast
war ich da

so oft
verfluchte ich dich

so oft
habe ich nach dir gesucht
nach meinem Selbst

doch
du hast mich alt gemacht
und nun
alles andere als weise
schickst du mich auf eine Reise
die nun niemals enden wird

so sehe ich
keine Chance mehr
ohne dich
ob nah oder in der Ferne
dass das Blatt sich wendet
welches am Baum meiner Erkenntnis hing

du hast mich alt gemacht
in so dunklen Nächten
und an so langen Tagen

nie musste ich fragen
doch

wo bleibt jetzt die Antwort

Laute Traurigkeit

keine stille Traurigkeit
ich höre tausend Stimmen
in meinem Kopf
sie alle nennen deinen Namen

die Dunkelheit
um mich und in mir
hat tausend Schatten

im Traum laufe ich auf dich zu
doch als ich dir so nah bin
dass ich dir in die Augen sehen könnte
drehst du dich weg und gehst fort

ich bleibe stehen
schaue dir hinterher
wie du nach und nach verschwindest

es tut so weh
an dich zu denken

ich schreie

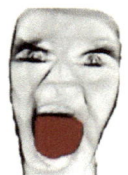

Nur ein Traum ?

ein Traum
entrinnt der dunklen Nacht
und davon mancher schon erwacht

ein Traum
oft schön und wundersam
vom Glück das man nicht greifen kann
von einem Menschen den man liebt
in dessen Armen man sich wiegt

im Traum !

ein andrer Traum erfüllt die Nacht
in dem es wie Kanonen kracht
in dem das Blut zur Erde fließt
wo manche Träne sich ergießt

im Traum ?

man weiß
es ist ja nur ein Traum
doch der Gedanke schwebt im Raum
das Heut' wird schnell Vergangenheit
ein Herzschlag nur
dann ist 's soweit

War Alles nur ein Traum?

Sonne im Kopf

er wollte ungeteilte Aufmerksamkeit
doch hat sie nie daran gedacht
dass er damit sie gemeint hat

so haben sie sich eingeladen
zum fairen Freundesmahl
bei Bier und Wurst direkt vom Grill

der Welt Gerede wurd' egal
nur wollten ihre Herzen wissen
wer am Ende die Zeche zahlt

so schön und so gefährlich
war dieser Frühling im Mai
durch ihr Beisammensein
bekam die Luft
beseelte Leichtigkeit

was die Zukunft bringen würde
auf einmal
Einerlei

gierig ließen sie fallen
die Not bei Tage
auf den Wiesen im Grün
doch irgendwann hatten sie sie satt
die Angst
die ewige Sehnsucht nach mehr
und dieses laute Schweigen

so ging jeder von ihnen
auf eigenem Weg

denn es brauchte viel mehr
als einen Himmel voller Geigen
um ihr beider Leben bunt zu malen

die Tage nahmen wieder ihren tickenden Lauf
und sie erneut den Kampf ums Überleben auf

sie sagen sich heute kleine Nettigkeiten
und tragen die Erinnerung mit sich
dass nie so heiß und doch so kalt
das Miteinander war

sie haben sich getrennt von dem
was Manchen manchmal glücklich macht
und doch
aus eines Traumes Wunsch heraus geboren
vielleicht erleben sie es einst noch
dass eine andere neue Sonne
in ihren kühlen Köpfen aufsteigt

Tränen

wenn du gehst
dann lass ein paar Tränen da
salzig und bittersüß

wenn du gehst
wird alles noch so sein
doch ohne dein Wort
ohne deinen Herzschlag
bleibt nur die Stille

wenn du gehst
werde ich dich weiter sehen
auf Herzensbildern überall
von heißer Hand gemalt

wenn du gehst
werde ich an unsere Wir-Zeit denken
an gelebte Momente mit dir
und bin dir seelen-nah

in deinen Armen
tanzte ich den Sommer
der im Leben nur einmal kam
und dessen Wärme mit dir ging

wenn du gehst
dann nimm ein paar Tränen mit
von mir

salzig und bittersüß

Verstummt

du hast mich längst vergessen
der Teller ist längst leergegessen
vertraute Stimme ist verstummt

das Bett bleibt leer
das Haus so kalt
mein Ruf nach dir
er ist verhallt
bleibt ungehört

doch ewiglich
klingt eine Melodie für dich
von meines Herzens Grund

mein Traum ist unerfüllt zerronnen
hast nie mit mir den Berg erklommen
um übers weite Land zu sehen
nie mehr wir eines Weges gehen

lang hoffte ich auf Wiederkehr
doch Herz und Hände werden schwer
dein Bild verblasst

doch ewiglich
erscheinst du mir im Traum

Obwohl

Trotz klarer Stimme
betrübte Stimmung

Trotz offener Augen
Unklarheit

Trotz Ohr an Ohr
Unverständnis

Trotz Haut an Haut
Einsamkeit

Trotzdem...

Notruf

Notruf in deinem Blick
schreit nach Wiederkehr

mit zittrigen Händen
ziehst du die letzte Karte
darauf ein Bild unserer Liebe
verblasst und zerknittert

Notruf in deinem Blick
doch ich sehe UNS nicht mehr

Zukunft Punkt Null

Heute
alle Träume geschwärzt
alle Drähte verknotet
die Monitore unserer Welt
leer und blind

der Weg spurlos verschwunden
der uns einst zu uns führte
dein Duft vor meinen Füßen
leise hebe ich ihn auf

deinen Schrei noch im Ohr
er zerfliegt
bleibt nur ein leiser Hauch
im Menschengewühl

es ist fast wie
Gestern

ich sah dich
doch nie so nah
wie als ich fortging

und mir fällt ein
ich könnte wieder mit dir lachen
bis des Tages Dunkel
wieder hell erstrahlt

doch

wie eine Maske dein Gesicht
das mir zum Abschied nickt
dein kaltes Sein sprengt Mauern
in mein Herz

alle Brücken die vor uns lagen
sind zerbrochen
Blicke versinken
in salziger See

Ohne dich zu fragen
werde ich
Morgen
Zukunft beginnen
wo ich stehe

Punkt Null.

Insel-Erinnerung

Welle die mich hat erfasst
als wir uns einst
angesehen
du warst die Insel
die ich gesucht
auf der ich gerne hab gelebt
in deinen Armen
war die Welt
so wie ich sie erstrebt

Frieden

war in mir
und jeder Tag
war meiner Seele Lachen

wie gerne hätte ich
dies alles
und dich
auf ewig festgehalten

doch

lag es nicht in meiner Macht
ich musste dich gehen lassen
als dunkle Schatten kamen

vorbei

nie mehr

oh welch ein hartes Wort
die Wärme ist verflogen
und auch kein „Du" mehr
das ich wird' vernehmen
aus deinem Munde

seit jener schicksalsträcht'gen Stunde
mit dir mein glücklich Sein
wurd' mir entrissen

stattdessen

nur noch
Stille

Erinnerung an dich
in meinem Herzen

ewiglich

Leere

wenn
dein herz gebrochen
deine seele zerrissen
und niemand da ist
der dich im fallen hält

dann
bist du des klaren denkens
nicht mehr fähig

ohne herz
seele und verstand
treibt dein selbst
kampflos
nur noch in verstummter leere

Verloren

meine Augen strahlen
da du direkt in meine Seele schaust

ich fliege zu den Sternen
wenn du mich festhältst

meine Ohren lauschen
ob ich deine Stimme vernehmen kann

meine Zunge möchte dich schmecken
denn du schmeckst nach mehr

meine Nase will dich riechen
denn du riechst so frisch

meine Haut vibriert
wenn du sie berührst

in meinen Füßen kribbelt es
wenn du mir nur nahe bist

und meine Hände wollen dich
streicheln immerfort

ich kann freier atmen
denn du hast den Schlüssel gefunden
den ich so lang verbarg vor der Welt

du hast mich entdeckt
und ich erfinde mich neu

tief in mir erklingt das heimliche Lied
welches du singst
und dem ich folgen muss

doch du siehst alles mit anderem Blick
du hüllst dich ein in deine Traurigkeit
hast Mauern errichtet um dich her
voller Poesie und Töne

in deinen Augen sehe ich
den Ruf nach Hoffnung
Sehnsucht nach dem Licht
das dich aus diesem Lebensdunkel erlöst

Siehst du es denn nicht ?
Du bist für mich dies Licht

Bemerkst du es denn nicht ?
In meinen Händen halte ich eine Kerze
für dich

Erkennst du denn nicht ?
Dort gibt es eine Tür
die dich zu mir führen würde

Willst du nicht öffnen
um uns zu finden ?

Denn sonst sind wir beide
verloren

Der Unfall (*)

noch eben sprang das Kind im Park
mit Ball und lautem Lachen
der Ball ist fort
das Kind liegt da
und wird nie mehr erwachen

ein Auto steht bedrohlich dort
der Fahrer ist verschwitzt
die Angst und Trauer steht ihm tief
in sein Gesicht geritzt

er denkt an eigne Frau und Kind
von gutem Geist bewacht
und sieht die Mutter
eng umdrängt
die er ums Glück gebracht

und diese steht vor Schrecken starr
blickt auf ihr liegend' Kind
und denkt warum dies nur geschah
das weiß wohl nur der Wind

sie hat es doch so oft gewarnt
sie tat doch ihre Pflicht
jetzt kann sie es nie wieder küssen
und streicheln sein Gesicht

der Vater schaut auf seinen Sohn
auf den war er so stolz
der kleine Mann war so wie er
ganz aus dem selben Holz

nun liegt der hier und mit ihm ist
des Vaters Glück gegangen
und eisig' Tränen rinnen nun
von Mutters bleichen Wangen

vielleicht wär' all dies nie passiert
wenn Platz für Kinder wär'
doch bis dies endlich Wahrheit ist
fließt vieles noch ins Meer

„So fern wie jetzt die Sterne sind"
denkt dieses einsam' Paar
„So fern von uns ist jetzt das Kind
das unsere Hoffnung war"

(*) Beitrag Projekt "Verkehrsberuhigung"

Warum weinst du?

Warum weinst du?
Weinen hilft doch nicht.

Ich wein um den Frieden,
wenn Freundschaft zerbricht

Ich wein um die Menschen,
die sinnlos schon tot.
Ich weine um die,
die heut ohne Brot.

Ich wein um den Wald,
der einst klar und rein,
wo ich ihn kannte
ist Beton nun und Stein

Ich wein um die Kinder
die ihre Eltern nie seh'n
Ich wein um die Alten,
die müde dort geh 'n

Warum weinst du?
Klage hilft da nicht.
Helfen musst du
sitz nicht zu Gericht.

Ich weine um Freunde
die niemandes Feind
Ich weine um Menschen
die nie mehr vereint.

Ich weine um den
dessen Leben verweht
Ich wein um die Heimat
wenn die Erde dort bebt

Und sieh' dort die Sonne,
die des Abends vergeht,
wer weiß schon
ob sie morgen auflebt.

Ich weine um Sterne
und auch um den Mond,
und frage
wie lang er da oben noch thront.

Ich weine um nichts
und doch über alles
was mich erhält
auf dem Boden des Balles.

Und darum frag nicht:
Was weinst Du? Warum?"
Schau mich nur an
und dann bleibe stumm

Hier auf der Erde
denkt nur jeder an sich

Ich wein' um die Menschheit
ich weine um Dich.

Messer

die tiefsten Wunden
die sieht man nicht
und diese Wunden eitern
dieser Eiter nennt sich
Traurigkeit und Einsamkeit

dieses Gift
es wird genährt von Sehnsucht
und schleichend unaufhaltsam
erfriert die Seele

die Augen
sie werden blind
blind vor der Welt
man irrt im Labyrinth
außerhalb seines Seins

die Hände
können nicht mehr halten
was ihnen zuvor wichtig
und die Füße gehen keinen Schritt mehr
denn kein Ziel scheint mehr erstrebenswert
so bleibt man einfach stehen
im Dunkel seines verlorenen Ichs

die tauben Ohren
sie vernehmen die Worte nicht mehr
die ihnen zugeflüstert werden
um Mut zu machen

und dann
will das Herz nicht mehr schlagen
aus Angst
dass jeder weitere Schlag
noch mehr schmerzt
als der vorherige

denn
die schärfsten Messer
sind Worte

Die Tat (*)

Frühlingsluft
mit Freunden lachen
Kuchen Eis so leck're Sachen
der Tag erschien wie n guter Freund
man hat im Sonnenlicht geträumt

In Münsters Stadt ganz mittendrin
geschah es plötzlich ohne Sinn
nun Traurigkeit in allen Gassen
und was geschehen ist kaum zu fassen

Ein Einzelner im Geist verwirrt
hat sich in seinem Selbst verirrt
doch warum ging er nicht allein
zog andere mit ins Dunkel rein

Keiner hat gesehen ihn kommen
der plötzlich alle Freud' genommen

die Augen sind von Trauer blind
Gedanken bei den Menschen sind
die eben noch gelacht
die nun ums Glück gebracht
die eben grad' noch sangen
sind nun im Schmerz gefangen

und man umarmt sich stumm
und über Allem steht
WARUM?

(*) zum Attentat in Münster am 7. April 2018

"Das Haus ohne Licht"

In einer großen Stadt nicht weit von hier, so wie es in unserem Lande viele gibt, steht ein gelbes Haus.
Dieses wirkt schon, aus der Ferne gesehen, seltsam magisch strahlend. Ja, es scheint fast einer anderen Zeit entsprungen. Und je näher man diesem Haus kommt, desto mehr fröstelt es einen.
Denn in seinen Räumen lebt nicht das Licht sondern die Dunkelheit. Man findet dort nichts, was einen erfreuen könnte. Nur Traurigkeit.

Und in dieser ganz in sich verschlossenen Welt lebt ein alter Mann. Kein Trost, von wem auch immer, vermag ihm neue Kraft einzuhauchen. Für all die Schönheit, die unsere Welt zu bieten hat, ist er blind geworden.
Verloren ist er, denn er hat sich selbst verloren.
Nur ab und zu reißt ihn ein Kinderlachen, welches leise zu ihm durchdringt, aus seiner Ohnmacht. Doch er hat nicht die Kraft, diesem zu folgen. Die Vergangenheit hält ihn fest umklammert. Hoffnung und Frieden wollen nicht mehr gelingen, und um sein Herz winden sich Schatten wie Schlangen, die ihm seine Energie aussaugen. Jeder Schritt, ja selbst seine eigene Zukunft erscheint ihm sinnlos.
Dunkel ist es. Nicht nur in seinem selbst gewählten Kerker. Dunkel sind auch seine innersten Gedanken und niemand auf der anderen Seite des Lebens kann ihn mehr erreichen. Um ihn erhebt sich eine Festung, eine Mauer voller Tränen, Schmerz und Verzweiflung.

Und da draußen auf der Straße vor dem Haus geht das Leben einfach so weiter.

Auf den Sommer folgt der Herbst und dann der
Winter. Und nun ist es wieder Frühling.
Nur für den einsamen Mann im gelben Haus steht die
Zeit endlos quälend still. Und in dieser Stille hört man
ihn leise und traurig flüstern:

Frühling ist 's um mich herum
nur mein Herz das bleibt ganz stumm
Frühling ist 's
was tu ich hier
Frühling ist dort im Revier
doch er macht mir kein Pläsier

Damals hab ich sie umfangen
viele Jahre sind vergangen
doch sie ging
ich bin allein
Was soll für mich nun Frühling sein?

Ist 's Sommer auch wohl um mich her
in meinem Herzen winterschwer
ach ich vermiss sie doch so sehr
obwohl ein frisches Lüftchen weht
in meinem Herzen alles steht
erstarrt und kalt und leer

Dort sitzt er, der Mann, allein mit sich. Er verliert
Stück für Stück seinen Verstand und seine Erinnerung
an sein Leben, wie es einmal war. Und so sitzt dort er
im Dunkel seiner Nacht, gefangen in sich selbst. Und
man hört ihn weinen im Haus der Einsamkeit.

Melodie des Herzens

Ergriffen las ich seine Worte
bewusst des Brodelns unterm Eis
schloss meine Augen dann
und lauschte
der Herzensmelodie so leis'

bewusst ist mir
vergang'ne Tage
die bringt uns niemand mehr zurück
und doch
sie einst erlebt zu haben
das ist auf Erden größtes Glück

Erinnerung

Ich sehe dich noch vor mir
in dem kleinen Lädchen an der Ecke
solches wie es heute immer weniger gibt
sehe dich und mich vor den Regalen stehen
lachend haben wir uns angesehen

ich sehe ihn noch
den roten Reißverschluss an deinem Anorak
er stand für Abschiednehmen
stand für die Zeit die gegen uns war
nur kurzes Glück im Augen Blick

ich sehe dich noch
du sagtest leise jene Worte
die ich so lange vermisst habe
du brachtest mir zurück
was ich schon längst vergessen hatte
und nun suchen werde
mein Leben lang

Ich sehe dich noch vor mir
dein Duft ist längst verflogen
der mir an dir so gut gefiel
in meinen Träumen da bist du
noch immer hier

ich sehe es noch vor mir
das kleine Lädchen an der Ecke
dort wo jetzt ein Parkhaus steht
die Zeit vergeht
die Welt sich dreht
ist es ganz still um mich
ich schließe die Augen
und ich sehe dich

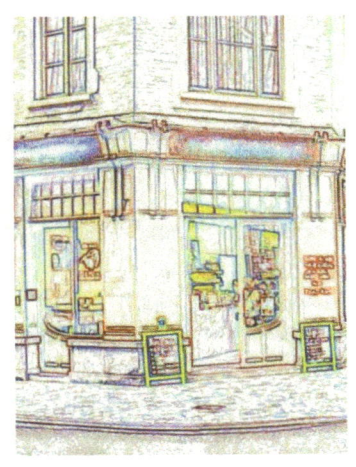

Damals

Als ich Kind war gab' s den Wald
der geheimnisvoll
dort war ich sehr oft zu finden
suchte nach 'nem Troll

Ich hab zum Murmelnspielen
Kuhlen dort im Lehm gemacht
„Kugel beim Kick ins Drehen bringen"
so etwas hat 's voll gebracht

Ich spielte Fangen und Verstecken
es gab so vieles zu entdecken
auf jeden Baum bin ich geklettert
wusste dass Oma nachher wettert

Rollschuhlauf und Gummi-Twist
Kinderzeit … man sie vermisst

Einmal die Woche kam ein Wagen
der hatte alles
lasst 's euch sagen
Brausepulver … Eis am Stiel
Lutscher … alles was gefiel
dorthin bin ich ganz schnell geflitzt
denn es gab Schnecken aus Lakritz

Sorgen? Nein die kannt' ich nicht
Schule war nur lästig' Pflicht
Manches was ich tat war dumm
doch zum Glück nahm 's keiner krumm
Ich hab die 60er geliebt
die Dinge die es nicht mehr gibt

Rollschuhlauf und Gummi-Twist
Kinderzeit ... man sie vermisst

die Freunde die längst fortgegangen
die Lieder die wir abends sangen
die Spiele bis es dunkel war
doch das ist mir erst heute klar
wie wertvoll diese Zeit doch war

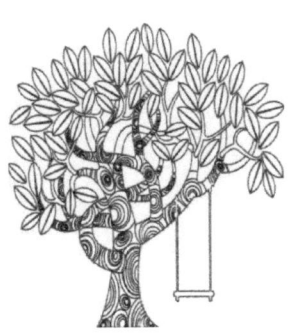

Einklang

ich verstehe dich
ohne dass du etwas sagst

ich spüre dich
ohne dass du mich berührst

ich sehe dich
auch wenn du in der Ferne bist

ich höre deine Stimme
auch wenn es still ist um mich

wir sind und bleiben eins

Sternenprinz

es gab mal 'ne Zeit da folgte ich gern
dem Prinzen mit dem goldnen Stern
ach diese Zeit erscheint so fern
wo ist er nun der Prinz
mein Stern ?

ich konnte mit ihm tanzen lachen
und ganz verrückte Dinge machen
auf Sohlen den ganz leisen
durch Tag und Nächte reisen

mit ihm fand ich ein Zauberland
mit ihm schritt ich dort Hand in Hand
ich lief ... nein ... flog durchs Blumenmeer
wie schön wenn's so wie gestern wär

es gab mal 'ne Zeit da folgte ich gern
dem Prinzen mit dem goldnen Stern
ach diese Zeit erscheint so fern
wo ist er nun der Prinz
mein Stern ?

Engels Schwarm (*)

Engel fliegen in Schwärmen
an deiner Tür vorbei

Nur
du bemerkst es nicht
drum mach doch die Ohren auf
wenn du genauer lauschst
dann kannst du ihr Rauschen hören

Du hättest vielleicht nie gedacht
dass es so etwas wirklich gibt
bis sich dann einer von ihnen
in dich verliebt

So lange hast du schon gehört
geschnuppert und versucht
einen Engel in dein Haus zu lassen
und jetzt steht dieser einfach da
und erst jetzt kannst du es ganz erfassen

Engel fliegen in Schwärmen
an deiner Tür vorbei

Gestern warst du noch blind
heute kannst du sie sehen
ein Wunder über Nacht
hat deine Sicht ganz klar gemacht

Kein Mensch auf dieser Welt
nur du kannst nun verstehen
die Ängste und Zweifel
spür die Schatten
sie gehen

Engel fliegen in Schwärmen
an deiner Tür vorbei

Plötzlich macht Alles einen Sinn
denn einer
ein ganz kleiner
liegt in deinen Armen drin

(*) zur Geburt meines Sohnes

Leben

Sonne scheint und Vögel singen
die Bäume steh'n im Frühlingskleid
was mag das Leben mir noch bringen
ich denke an die Kinderzeit

Erinnerung an Vaters Strenge
an Mutter die am Fenster stand
und an die ach so traute Enge
in unserm Haus am Waldesrand.

Seh uns als Kinder spielen Fangen
im Garten mit dem braunen Zaun
und auf steigt leise das Verlangen
zurück zu geh'n in Zeit und Raum.

Da ständ.' im Flur dann Mutters Truhe
die voll mit bunten Träumen wär
noch einmal ging ich dann zur Schule
mit leichtem Schritt und Büchern schwer

Noch einmal erste Küsse wagen
und flüsternd heimlich sich umarmen
noch einmal "He, ich lieb dich" sagen
von all den Lügen noch nichts ahnen

Viele Liebste sind gegangen
ich wurde älter
Lebenssaat
dann neue Liebe
Glocken klangen als ich vor die Kirche trat

Ich selbst nun Mutter und er Vater
glücklich schien das Eheglück
er war ein Freund mir und Berater
gerne denke ich zurück

Doch bald auch er wurd' mir genommen
sein Kind in meinen Armen lag
viel zu früh der Tod gekommen
eisig kalt war dieser Tag

Nun so ist das mit dem Leben
erfasst in diesem kleinen Wort:

"Was mit Fantasie wir weben,
trägt des Lebens Wind uns fort!"

Licht der Nacht

das Licht fällt durch die Bäume
ich hör die alten Lieder
ich denk an manche Träume
die Jugend kommt nie wieder

warum ist alles anders
nicht so wie einst gedacht
jetzt muss ich leise weinen
wo ich so gern gelacht

das Licht fällt durch die Bäume
das Dunkel von mir weiche
ich glaube und ich hoffe
dass ich mein Ziel erreiche

noch muss ich einsam wandern.
Und tränenvoll ich schaue
von einem Ort zum andern
ich niemandem vertraue

das Licht fällt durch die Bäume
ich fall' ins Labyrinth
ich schweb' durch edle Räume
dorthin wo Geister sind

die Schatten woll'n mich ziehen
tief in die Sternennacht
kann kaum von dort entfliehen
gar magisch ist die Macht

vertraute Stimmen flüstern
ganz sacht und leis' ins Ohr
ich denk an jene Seelen
die ich zu früh verlor

nun fällt das Licht durchs Fenster
es weicht dem Tag die Nacht
die ersten Vögel singen
die ganze Welt erwacht

Nur unser Ton

ich musste lernen zu reagieren
alles zu geben
und trotzdem verlieren
hier sitz ich nun im Studio
du fehlst mir schon lange
schon lange so
wo bist du geblieben
wo bist du denn nur
ich war uns'rer Seele mit dir auf der Spur

was immer ich schreibe
es ist unser Wort
und was ich auch fühle
deines Herzens Export
ich hör ihn noch immer
es ist unser Ton
und leise swingt ein Saxophon

wir gierten wie Junkies nach Tönen so pur
standen wie Irre auf eiskaltem Flur
stets unter Spannung und unter Strom
du hast geschrien „War das jetzt der Lohn?"
nun fehlst du mir an diesem Ort
ich sehn' mich wie damals
von hier ganz weit fort

was immer ich schreibe
es ist unser Wort
und was ich auch fühle
deines Herzens Export
ich hör ihn noch immer
es ist unser Ton
und leise swingt ein Saxophon

zeitlos wir lebten auf wilder Tour
wir sahen die Augenblicke nur
du warst der standhafte Träumer im Sturm
und hast mich erlöst aus dem Elfenbein-Turm
du geliebter Chaot bist nun fortgegangen
unsere Story hatte gerade erst angefangen

doch was immer ich schreibe
es ist unser Wort
und was ich auch fühle
deines Herzens Export
ich hör ihn noch immer
es ist unser Ton
und leise swingt das Saxophon

Sommer der Erinnerung

Als Sommermorgens ich erwacht
noch müd' vom Traume dieser Nacht
das Licht des Tages füllt den Raum
und zieht mich zu dem Apfelbaum
dort in des Gartens Ecke

Es flüsternd in den Zweigen singt
des Vogels schönstes Lied erklingt
Gedankenvoll geh ich darum herum
und bleibe stumm

Ich denk an ferne Zeiten
an ihn und seinen Gang
an seliges Verlangen
nur einen Sommer lang

und schließe ich die Augen
so seh' ich sein Gesicht
den Blick
den Kuss
den Sommer
Nein den vergess' ich nicht

Man fragt sein ganzes Leben sich
Warum weshalb und wann
Frei und sorglos das war ich
mit ihm den Sommer lang

Nur Träumen Lachen Küssen
er brachte mir das Glück
dann ging er ohne Worte
kam niemals mehr zurück

Und Sommer folgt auf Sommer
mit warmem hellem Licht
und am Wegesrande
blüht ein Vergissmeinnicht

Müd` und benommen noch vom Traum
schau ich gedankenvoll mich um
das Licht von Neuem füllt den Raum
und ich …
ich bleibe stumm

seelentief

du bist da
musstest du auch von mir gehen
du bist da
kann ich Dich auch nicht mehr sehen
du bist da
und wirst seelentief für immer mich begleiten
du bist da
und bleibst im Herzen mir
zu allen Zeiten

du bist da

unsterblich

ich sag es in die Nacht ganz leis'
gebe es nicht so leicht preis
ich hab so viele Fragen
auf die es keine Antwort gibt

doch muss ich dir noch etwas sagen
bevor ...

Ist es zu spät?

Ach wenn die Uhr nur stille stände
doch ganz egal
wohin ich mich auch wende
ich seh' nur dein Gesicht
dies erscheint mir wie ein Licht
und eingebrannt in meine Seele
ist deine Stimme mir

alles das was da vor dir war
wird unwichtig
nichts ist mehr klar
und wie im Nebel irre ich umher

Minuten Stunden Tage verrinnen
langsam wie Sandkörner
durch ein Loch in meiner Manteltasche
meine Tränen fallen nieder
und verdunsten
sie gehen auf die Reise mit den Wolken
zu dir

plötzlich bin ich mir gewiss
egal was noch kommt oder gehen mag
ich werde dich wiedersehen

bis dieser Tag kommt
wird mein Lachen dich begleiten
wie das Rauschen des Windes
in den Bäumen
am Rande deines Weges
und meine Wünsche folgen dir

ich werde bei dir sein
so wie die Sterne in der Nacht
und am Tag werden meine Gedanken
zu dir fliegen auf den Flügeln
die ich durch dich erlangt habe

denn ich sah dich
und ich habe dich erkannt
vom ersten Moment an
sah ich die Traurigkeit
in Deinen Augen

ich ging auf dich zu
und du?

Du schenktest mir
unsere Unsterblichkeit

Gegangen (I)

Du bist gegangen
und doch
wohin mein Weg mich auch führt
du wirst immer bei mir sein

ich rufe es so oft
in die Nacht hinaus
bevor du gehst
bring mich noch mal zum Lachen
denn nur du
kannst so wundervolle Sachen

Wir waren Seelen
die vom Dasein getrennt
wieder zueinander fanden
und Eins wurden

Du, mein anderes Ich, sagtest
ich solle auf die Suche gehen
nach dem Einen
der mich befreit und mein Herz berührt
wie niemand zuvor
um mit meiner Seele
im Reinen zu sein
denn du konntest es nicht

Wir beide waren so stark
zu stark um uns schwach zu zeigen
doch wir haben uns erkannt
als Sehende
unter all den Blinden dieser Welt

und dann höre ich wieder dein Flüstern
ganz nah an meinem Ohr
"Du bist die Eine und wirst es immer sein"
bevor du dich erhebst zu deinem Flug
in die Ewigkeit
in deine Freiheit

Herzens Grab

Dort wo mein Herz begraben liegt
dahin werd ich einst reisen
mit Träumen welche unerfüllt
und ungespielten Weisen

Dort wo mein Herz begraben liegt
dort wird man einst mich finden
doch nicht im himmelsweiten Reich
und unter blühend Linden

Dort wo mein Herz begraben liegt
fern von Schmerz und Gram
dort werd ich ewig tanzen
in meines Liebsten Arm

Im Schatten eines Traumes
dort werd ich ewig ruh'n
es bleibt nur die Erinnerung
an meines Lebens Tun

Die Quelle deiner Fröhlichkeit
sei meiner Seele Hort
am Ufer der Erinnerung
dort leb' ich ewig fort

Dort wo mein Herz begraben liegt
da such und finde mich
am Ufer der Gemeinsamkeit
so schaue tief in dich

Gegangen (II)

Du bist gegangen
und die Nacht beginnt
ich stell mich in den Wind
und werde für dich singen
auf dass dein letzter Weg dir leicht fällt
und die Sterne dich aufnehmen in ihren Kreis
so kannst du von dort droben über mich wachen
mit all deiner Liebe Wärme und Güte
die du mir schon hier auf Erden zuteil werden ließest

wenn die Winde übers Meer wehen
scheint es mir als strichst du noch einmal über mein
Haar
und wenn ich meine Augen schließe
führt dein Lächeln mich zurück in meine Kindheit
als das Leben noch so leicht war
leicht wie eine Feder
und im Rauschen der Bäume vernehme ich deine Stimme
ganz nah flüsternd an meinem Ohr
„Ewig bei dir"
Ja
du wirst bei mir sein
und wie ein Licht das man des Nachts ins Fenster stellt
wird die Erinnerung an dich mir Hoffnung geben
dass wir uns irgendwann wiedersehen
Dessen bin ich mir gewiss

In den Wind

ich schreibe seinen Namen in den Wind
komm doch her
du kannst ihn lesen
haushoch und immer wieder
lass ich ihn durch alle Himmel fliegen
er hat mir meine Sehnsucht eingebrannt

ich hab ihn mal gekannt
so wie ein sanfter Hauch
der herüberweht vom Meer
tränentrocknend sein Blick
über den Brillenrand
den ich so liebte
im stilles Feuer Notruf gesandt

ich hab ihn mal gekannt

so hole ich seinen Namen in die Welt zurück
damit ihn jeder liest und kennt
ein Stück von seinem Lied
das er des Nachts heimlich gesungen
mit jeder Note geschrieben von seiner Hand
immer hat er mich gebannt
bis ich mich als Asche
in ihm wiederfand

ich hab ihn mal gekannt

ich schreibe seinen Namen in den Wind
erinnere an den Augenblick
der niemals mehr vergeht
in Tagen nicht und nicht in Stürmen
nicht mehr im Kampf
und nicht in Herzenskälte

so sag ich's dir
und auch der Anderen Welt

ich hab ihn mal gekannt

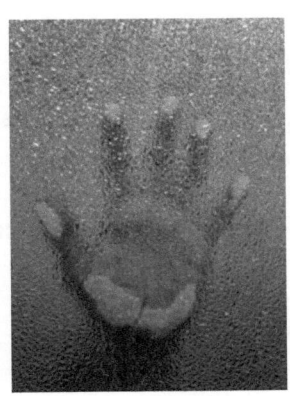

Nicht weinen

weint nicht um mich
denn ich habe gesehen

Sonne
die golden am Horizont versinkt
um jeden Morgen wieder aufzugehen
Wolken
die am Himmel unermüdlich reisen
und die vielen bunten Farben
aus denen unsere Welt besteht

Darum weint nicht um mich

weint nicht um mich
denn ich habe gelebt

oft nur vom Gefühl geführt
und wie ein Schiff auf dem Meer des Lebens
manchmal tief verschollen
doch dann neuen Kurs aufgenommen
mit Träumen auf großer Fahrt
dem Horizont entgegen

Darum weint nicht um mich

weint nicht um mich
denn ich habe gehört

so viele Vögel
die den frühen Morgen
mit ihren Liedern begrüßen
das Rauschen des Meeres
wie es gegen die Klippen schlägt
das Lachen und Singen der Kinder
wie sie noch ohne Sorgen spielen

Darum weint nicht um mich

weint nicht um mich
denn ich habe gefühlt

den Wind in meinen Haaren
wie er durch die Länder reist
die Wärme eines Menschen
wie sie mich durch die Nacht führt
den Schlag meines Herzens
voller Erwartung und Freude

Darum weint nicht um mich

weint nicht um mich
denn ich habe gekostet

die süßesten Früchte
das Aroma edelster Gewürze
den inneren Kuss meines Liebsten
sowie vom Salz des Meeres

Darum weint nicht um mich

weint nicht um mich
denn ich habe gerochen

den Rauch von verbranntem Holz im alten Ofen
den Duft des Mahles von liebender Hand bereitet
die wilden Blumen auf Feldern und Wiesen
und die Frische von Schnee
der leise gefallen ist über Nacht

Darum weint nicht um mich

weint nicht um mich
denn ich habe zu euch gesprochen

euch meine Gedanken und Träume offenbart
stets stand ich euch zur Seite
mit Geschichten und Liedern
welche als Mahnung und Ratschlag dienen sollten
Ehrlichkeit Lebenserfahrung und Originalität
führten meine Zunge
und wenn ich die Stimme erhob
habt ihr mir zugehört

Darum weint nicht um mich

weint nicht um mich
denn ich habe geliebt

stets mit ganzem Herzen ehrlich
gab ich immer einen Teil meines Ichs
ewig der Augenblick
als sich eine kleine Kinderhand
voller Vertrauen in die meine legte

Darum weint nicht um mich

wenn ihr ein Kinderlachen hört
so bin ich da
berührt etwas euer Herz
so bin ich da
singt ihr ein Lied das ich gekannt
so bin ich da
lest ihr ein Buch in welchem ich geblättert
so bin ich da
sprecht ihr ein Zitat welches ich euch genannt
so bin ich da

Darum weint nicht um mich
denn ich bin nie ganz gegangen

denn immer sind irgendwo Spuren meines Lebens
Gedanken Bilder Augenblicke und Gefühle
diese werden euch immer an mich erinnern
und so werde ich niemals vergessen sein.

- in Gedenken an meine Oma -

Niemals verlassen

Geliebter Freund
durch Blut und Tränen
hast du mich einst geführt.
und dabei mehr als einmal
meine Seele tief berührt

gemeinsam wandern wollten wir
gemeinsam durch die Zeiten
nun steh ich einsam hier und frier'
und muss alleine fighten

durch dich bekamen schwere Worte
ein federleicht Gewicht
unnahbar und doch dicht zusammen
Erträumtes hatte ein Gesicht

ja oft im Traum da sehe ich
dein Lächeln deinen Blick
doch kommt an jedem Morgen
die Gegenwart zurück
und du bist fort

ein Augenblick
mehr blieb uns beiden nicht
doch ewig bleibt mir herzensnah
vor mir dein Angesicht

Erinnerung an den Moment
im Traum erleb' ich 's neu
den Augenblick als ich dich sah
mein Herz das bleibt dir treu

Ich lächle zärtlich
denn es ist
mein Geist kann es kaum fassen
du hast dein Wort gehalten

Freund
du wirst mich nie verlassen

Engel über der Stadt

manchmal seh' ich dich
durch mein kleines Fenster

durch mein kleines Fenster unterm Dach

sehe dich
wie du himmelshoch
über mir
über den Dächern der Stadt
deine Pirouetten
in den Radiowellen drehst

alle Leute wundern sich

sie wundern sich
warum ich so fröhlich bin

sie schauen nach oben
und können nichts sehen
nur blaue Wolken

aber ich allein weiß

dass du dort oben
lachend tanzt

Inhaltsverzeichnis

Inhaltsverzeichnis

von Mia Mondstein bisher erschienen:

Gedankenpüree
Softcover - über 50 Gedichte
108 Seiten
ISBN: 9783745014334 (epubli)
6,99 €

Seelengemüse
Softcover - 160 Seiten
Gedichte, Sprüche, Kurzgeschichten
ISBN: 9783746709338 (epubli)
9,99 €

Mias Wimmeleien
von und für – hier und da und dort
Gedichte
Softcover 96 Seiten
ISBN-13: 9783752644326 (BoD)
5,99 €
auch als E-Book (2,99 €) erhältlich

Liebe ist wie Mathe - kompliziert
Gedichte und die Kurzgeschichte
"Spiegelbild"
Softcover 80 Seiten
ISBN-13: 9783752668681 (BoD)
7,99 €
auch als E-Book (2,99 €) erhältlich

und wenn euch dieses Büchlein gefallen hat,
dann schreibt mir doch mal

lyrik@miamondstein.de